国家出版基金项目
NATIONAL PUBLICATION FOUNDATION

记住乡愁

——留给孩子们的中国民俗文化

刘魁立◎主编

朝山习俗

谭 坤◎编著

第十辑 民间信俗辑

本辑主编 黄景春

黑龙江少年儿童出版社

编委会

序

亲爱的小读者们，身为中国人，你们了解中华民族的民俗文化吗？如果有所了解的话，你们又了解多少呢？

或许，你们认为熟知那些过去的事情是大人们的事，我们小孩儿不容易弄懂，也没必要弄懂那些事情。

其实，传统民俗文化的内涵极为丰富，它既不神秘也不深奥，与每个人的关系十分密切，它随时随地围绕在我们身边，贯穿于整个人生的每一天。

中华民族有很多传统节日，每逢节日都有一些传统民俗文化活动，比如端午节吃粽子，听大人们讲屈原为国为民愤投汨罗江的故事；八月中秋望着圆圆的明月，遐想嫦娥奔月、吴刚伐桂的传说，等等。

我国是一个统一的多民族国家，有 56 个民族，每个民族都有丰富多彩的文化和风俗习惯，这些不同民族的民俗文化共同构筑了中国民俗文化。或许你们听说过藏族长篇史诗《格萨尔王传》

中格萨尔王的英雄气概、蒙古族智慧的化身——巴拉根仓的机智与诙谐、维吾尔族世界闻名的智者——阿凡提的睿智与幽默、壮族歌仙刘三姐的聪慧机敏与歌如泉涌……如果这些你们都有所了解，那就说明你们已经走进了中华民族传统民俗文化的王国。

你们也许看过京剧、木偶戏、皮影戏，看过踩高跷、耍龙灯，欣赏过威风锣鼓，这些都是我们中华民族为世界贡献的艺术珍品。你们或许也欣赏过中国古琴演奏，那是中华文化中的瑰宝。1977年9月5日美国发射的“旅行者1号”探测器上所载的向外太空传达人类声音的金光盘上面，就录制了我国古琴大师管平湖演奏的中国古琴名曲——《流水》。

北京天安门东西两侧设有太庙和社稷坛，那是旧时皇帝举行仪式祭祀祖先和祭祀谷神及土地的地方。另外，在北京城的南北东西四个方位建有天坛、地坛、日坛和月坛，这些地方曾经是皇帝率领百官祭拜天、地、日、月的神圣场所。这些仪式活动说明，我们中国人自古就认为自己是自然的组成部分，因而崇信自然、融入自然，与自然和谐相处。

如今民间仍保存的奉祀关公和妈祖的习俗，则体现了中国人崇尚仁义礼智信、进行自我道德教育的意愿，表达了祈望平安顺达和扶危救困的诉求。

小读者们，你们养过蚕宝宝吗？原产于中国的蚕，真称得上伟大的小生物。蚕宝宝的一生从芝麻粒儿大小的蚕卵算起，中间经历蚁蚕、蚕宝宝、结茧吐丝等过程，到破茧成蛾结束，总共四十余天，却能为我们贡献约一千米长的蚕丝。我国历史悠久的养蚕、丝绸织绣技术自西汉“丝绸之路”诞生那天起就成为东方文明的传播者和象征，为促进人类文明的发展做出了不可磨灭的贡献！

小读者们，你们到过烧造瓷器的窑口，见过工匠师傅们拉坯、上釉、烧窑吗？中国是瓷器的故乡，我们的陶瓷技艺同样为人类文明的发展做出了巨大贡献！中国的英文国名“China”，就是由英文“china”（瓷器）一词转义而来的。

中国的历法、二十四节气、珠算、中医知识体系，都是中华民族传统文化宝库中的珍品。

让我们深感骄傲的中国传统民俗文化博大精深、丰富多彩，课本中的内容是难以囊括的。每向这个领域多迈进一步，你们对历史的认知、对人生的感悟、对生活的热爱与奋斗就会更进一分。

作为中国人，无论你身在何处，那与生俱来的充满民族文化DNA的血液将伴随你的一生，乡音难改，乡情难忘，乡愁恒久。这是你的根，这是你的魂，这种民族文化的传统体现在你身上，是你身份的标识，也是我们作为中国人彼此认同的依据，它作为一种凝聚的力量，把我们整个中华民族大家庭紧紧地联系在一起。

《记住乡愁——留给孩子们的中国民俗文化》丛书，为小读者们全面介绍了传统民俗文化的丰富内容：包括民间史诗传说故事、传统民间节日、民间信仰、礼仪习俗、民间游戏、中国古代建筑技艺、民间手工艺……

各辑的主编、各册的作者，都是相关领域的专家。他们以适合儿童的文笔，选配大量图片，简约精当地介绍每一个专题，希望小读者们读来兴趣盎然、收获颇丰。

在你们阅读的过程中，也许你们的长辈会向你们说起他们曾经的往事，讲讲他们的“乡愁”。那时，你们也许会觉得生活充满了意趣。希望这套丛书能使你们更加珍爱中国的传统民俗文化，让你们为生为中国人而自豪，长大后为中华民族的伟大复兴做出自己的贡献！

亲爱的小读者们，祝你们健康快乐！

二〇一七年十二月

目录

泰山崇拜

泰山崇拜

泰山又名东岳、岱岳、岱宗，纵贯山东省中部，主峰玉皇顶位于泰安市，雄踞黄河下游平原，拔地而起，巍然耸立。最高峰玉皇顶，海拔1532.7米，尤其显得突兀雄奇，傲视群峰。《孟子·尽心上》记载："孔子登泰山而小天下。"杜甫《望岳》也有"会当凌绝顶，一览众山小"的名句。

泰山之称，最早见于《诗经·鲁颂·閟宫》："泰山岩岩，鲁邦所詹。"形容泰山气势雄伟磅礴，鲁国人尊崇泰山。泰山古代又称岱山，"岱"就是大山的意思。许慎《说文解字》说："岱，太山也。"在古代，大、太、泰三字可互通，都是大的意思。泰山就是大山，古人的泰山崇拜源于对大山的崇

五岳独尊
谭坤 摄

拜。大山在古代被当作通天梯，所以所有的大山都有神明。因此，泰山不仅是一座地理意义上的大山，也是一座宗教文化意义上的大山，更是一座沟通天地之间的神山，受到上自帝王、下至百姓的普遍顶礼膜拜。

柴望遗风

谭坤　摄

相传远古时代的72位帝王，都要在泰山上举办一种叫做“柴望”的祭天仪式，表明他们的权力来自上天的恩准。《史记·封禅书》记载：“（舜）岁二月，东巡狩，至于岱宗。岱宗，泰山也。柴，望秩于山川。”指的是舜帝巡狩到泰山举行柴望仪式。柴，就是烧柴及玉帛以祭天；望，望而祭之。合起来就是点燃干柴，焚烧祭品，遥望山川，祭祀天神地祇。当火焰与浓烟升腾起来时，帝王的愿望与上天的意志相互沟通，表明帝王接受上天的任命。“受天有命”，代替天帝统治天下。祭祀泰山是帝王的特权，是掌握国家权力的象征。

秦始皇是中国历史中明确记载的第一位到泰山举行

封禅大典的皇帝。唐代张守节所撰的《史记正义》解释“封禅”说：“此泰山上筑土为坛以祭天，报天之功，故曰封。此泰山下小山上除地，报地之功，故曰禅。言禅者，神之也。”所谓“封”，就是在泰山顶上筑土为坛，祭祀上天，报答上天的功德；所谓“禅”，就是在泰山下的小山上除地以祭祀地祇，表达对土地山川的敬意。通过封禅仪式，古代帝王向天下昭示，皇权来自上天的赐予，神圣不可侵犯。

公元前221年，秦始皇灭除六国，统一天下。为了颂扬秦朝的功业，秦始皇在他统一天下的第三年，即公元前219年，东巡郡县，来到泰山，召集齐鲁之地的儒生博士70人，商议封禅典礼。有的儒生说，古时候的君王封禅，用蒲草裹住车轮，以免碾坏山上的草木；有的说扫除地面，祭祀地神用的席子是用茅草编成的，这样，祷告的言辞容易被神灵遵从。如何封禅，说法各异，秦始皇认为众人的意见很难实际采用，就斥退了儒生，下令清除车道，从泰山南麓登上顶峰，封土祭拜天帝，竖立石碑歌颂自己的功德。又从泰山北道下山，到梁父山祭拜地神。祭祀仪式大都采用以前太祝令祭祀上帝的形式。至于如何封土埋藏，却全部保密，世人不能获悉并记录下来。秦始皇初上泰山时，中途遭遇暴风雨，在一棵大松树下避雨，因大松树护驾有功，这棵大松树被封为“五大夫”。由于儒生不得参加封禅典礼，听说秦始皇中途遇雨，就讥讽秦始皇封禅不采用古礼，惹怒了泰山神。

秦始皇到泰山封禅后，汉武帝、光武帝、唐高宗和唐玄宗、宋真宗等也效仿他的做法，到泰山举行封禅大典，昭示皇权受命于天的神圣性和合法性，皇权得到神灵护佑，能够千秋万代地传承。由于帝王们的推崇，泰山崇拜从朝廷走向民间。古代流传有这样的说法：“上泰山，见神人，食玉英，见泮泉，驾交龙，乘浮云，白虎引兮直上天。受长命，寿万年。”人们相信，到泰山去祭拜，能够延年益寿，得道成仙。

五大夫松

谭坤　摄

泰山神灵主要有两位，一是泰山神东岳大帝，一是碧霞元君。

关于泰山神的来历，有不同的说法。一说是盘古的化身。《述异记》记载：“昔盘古氏之死也，……头为东岳，腹为中岳，左臂为南岳，右臂为北岳，足为西岳。”

也就是说，盘古的头化作了泰山。另一说是盘古氏的后裔。《神异经》记载：赫天氏是盘古氏的五世苗裔，少海氏是赫天氏四世苗裔，少海氏娶弥轮仙女。弥轮仙女梦吞二日，有妊娠，生下两个儿子，长子叫金蝉氏，次子叫金虹氏。金虹氏即东岳帝君，一说是太昊。《洞渊集》记载：“太昊为青帝，治东岳，主万物发生。”《帝王世纪》又记载：“太昊帝包栖氏，……主春，象日之明，是称太昊。”泰山神无论是盘古的后裔，还是太昊，都与太阳有关，这源于古代先民对太阳神的崇拜，由此衍生出泰山神的基本职能，即掌管人世生死祸福。帝王也好，普通百姓也好，都渴望长生不老，而泰山神能满足人们追求长生长寿的愿望，泰山崇拜从秦汉开始越来越流行，而到了明清时期，对泰山女神碧霞元君的崇拜日益兴盛，碧霞元君成为人们争相朝拜的另一位泰山神灵。

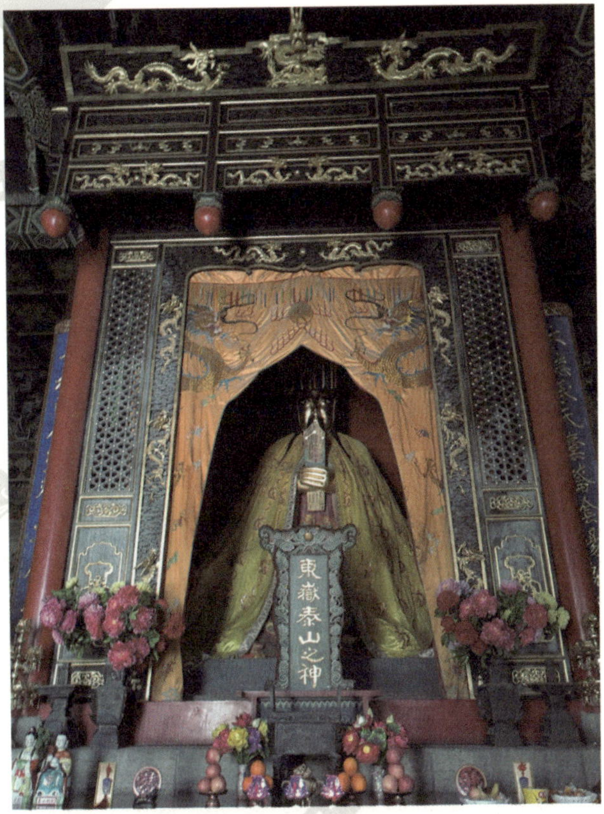

东岳大帝
谭坤　摄

关于碧霞元君的来历，

也是说法不一。因为碧霞元君崇拜兴起较东岳大帝崇拜要晚，所以人们就附会碧霞元君是东岳大帝的女儿。还有传说碧霞元君是黄帝之女，在泰山修仙得道，后人建祠祭祀。但最为民间接受的一种说法，是说碧霞元君原为民间普通女子，因得到仙人指点，入山修炼，最后得道成仙。传说泰山之南的徂徕山有一个叫石敢当的农民，他有三个女儿，大女儿、二女儿都出嫁了，只有三女儿还在家帮助父母干活。三女儿从小就很勤快，心地善良，每天到徂徕山砍柴，挑到集市上去卖，然后买粮糊口。有一天，她正在山里砍柴，突遇暴风雨迷了路，碰巧遇见一位老嬷嬷，并在老嬷嬷住的山洞过了一夜。从此以后，她每到山里砍柴，必定去看望老嬷嬷。有一天，老嬷嬷对三女儿说："你去泰山吧，那里还没有个当家人。"并授予她修炼的秘诀。后来，三女儿来到泰山修行，终于得道成仙，成为泰山的当家人，被封为"碧霞元君"。"碧霞"，即东方的日光之霞，包含了太阳崇拜的内涵，具有生命崇拜的意味。因此，

碧霞元君

谭坤　摄

碧霞元君信仰主要是满足女性生育的愿望而出现的。在信仰者看来，碧霞元君可以帮助妇女生子，能够保佑小孩顺利出生及健康成长。在碧霞宫，除碧霞元君神位外，还有“送子娘娘”“眼光奶奶”之牌位，碧霞元君不仅主掌人间生育，还能给人治疗眼疾等疾病，为人带来光明。“泰山老母”“泰山奶奶”“泰山娘娘”，是民间对碧霞元君的亲切称呼，她的庙宇也就称为“奶奶庙”“娘娘庙”。自明代以来，民众对她的信仰超过了东岳大帝。

随着东岳大帝、碧霞元君影响的扩大，每到东岳大帝三月二十八日诞辰或碧霞元君三月十五日诞辰，到泰山朝山进香的人络绎不绝，香客先到岱岳庙进香，再登山到碧霞宫叩拜，许愿还愿，祈求泰山奶奶保佑人们平安吉祥。泰山的雄伟壮丽吸引无数海内外游客，爬泰山，看日出，拜谒东岳大帝和碧霞元君，在朝山活动中感受自然的伟力，体验登山的乐趣，获得心灵的享受。

武当山

武当山

武当山位于湖北十堰丹江口，又名太和山、谢罗山、参上山、仙室山，古代还有“太岳”“玄岳”“大岳”之称。武当山是道教名山，是道家上仙真武大帝的道场。相传黄帝时，玄武托胎为净乐国太子，得到玉清圣祖紫元真君点化，入武当山修炼，经42年得道飞升，由玉帝册封为玄武，坐镇天下。宋真宗时期因避圣祖赵

武当山

玄朗讳，改玄武为真武。民间有“非真武不足以当之”的说法，故名武当山。从汉代开始，方士到武当山隐居修炼，历代皇帝对武当山和真武大帝屡次加封，逐渐成为香客信士顶礼膜拜的仙山圣地。

唐太宗贞观年间，均州大旱，太守姚简奉敕在武当山祈雨，见五龙从空中而降，五龙显灵，大雨滂沱，在灵应峰下建五龙祠，被视为朝廷在武当山建立道教场所的开始。宋真宗赵恒崇信道教，封真武为“镇天真武灵应祐圣帝君”。到了明代，真武大帝更加受到尊崇。明代一直把武当山当作“祖宗创业栖神之所”，被尊为“皇室家庙”，新帝登基，都要到武当山朝拜。朱棣登上皇位以后，因为他的皇位是从侄子建文帝手中强夺而来的，

真武大帝

黄景春 摄

为消除天下人认为他的皇权不合正统的舆论，当得知武当山是北方玄武之神飞仙之地时，就大造玄武神显灵，护佑他夺取皇权的神话，以此证明君权神授，合乎天意。为报答真武大帝的神恩，明成祖在永乐十年颁旨，钦定在武当山大建道教宫观，费时十年，建成九宫、九观、三十六庵堂、七十二岩庙的庞大道教宫观建筑群，封武当为“太和太岳山”，又加封真武帝君为“北极镇天真武玄天上帝”。明嘉靖帝更加笃信道教，封武当山为“治世玄岳”，全面重修旧有的宫观庵堂，武当山呈现“五里一庵十里宫，丹墙翠瓦望玲珑。楼台隐映金银气，林岫回环画镜中”的景象，成为“天下第一名山”。

在封建皇权推动下，民间形成了崇拜真武大帝的信仰，真武大帝被奉为镇邪除妖、赐福佑民之神。民间信士到武当山向真武帝君进香，又称朝圣。武当山下的玄岳门是朝山进香的起点，古语说：“进了玄岳门，性命交给神，出了玄岳门，还是阳间人。”自玄岳门起为朝山神道，分东、西两神道，蜿蜒于崇山峻岭之中，到南岩宫会合。出南岩宫，沿神道历朝天宫、一天门、摘星桥、二天门、三天门、朝圣门、太和宫、紫禁城，最后抵达天柱峰顶的金殿。朝山进香，多为许愿。许愿者到金殿向真武大帝跪拜默祷。

一般来说，每年正月到四月为进香旺季，俗称“春香”；九月冬小麦播种后，

武当山玄帝殿

又出现一个高潮，俗称“秋香”。每年香客比较集中的朝山时间是春节前后，各地香客赶到紫霄宫及太和宫，正月初一早晨顶风踏雪争烧“头炷香”。因为，正月进香大吉大利。三月初三真武圣诞节前后，各地信士进香增多；农历七月十五日俗称“鬼节”，武当山道士在这一天举办“放施食”超度孤鬼亡魂的斋醮法事，因此有些信士赶在此日进香，顺便祈安亡灵；九月初九日，相传为真武飞升日，又恰逢重阳登高节，故此日前后各地信士云集，武当各宫香火旺盛。

进香主要有两种形式：一是进散香，以家庭为单位的个体朝山进香活动；一是香会进香，香会指同一个区域的信士，为朝拜真武大帝结合而成的进香组织。香客进香前，为表达对真武大帝的虔诚，应斋戒沐浴，向神灵默祷，祈求神灵赐福。香客进入玄岳门后，心怀虔诚，保持肃静，不能大声喧哗，遇庙烧香，见神叩拜。走到险峻的神道，香客要抖擞精神，奋勇攀登，以取悦神灵，相互之间祝福说：“欢上，欢修！”或者说：“恭喜恭喜！”抵达金殿后，向真武大帝进香，献上供品，然后叩头默祷。香会朝山进香是有组织的活动，少则几十人，多则上百人，声势浩大，并且带有自己的乐队。起程时，要集合会众诵读经文和祝词，祈求各路神仙保佑进香平安。进香队伍在前进时必须排列有序，前有会旗，后有尾旗。会旗正中绣着“朝山进香”四个大字，会旗后设一绣幢，挂满写有会众姓名的小布条，俗称“万民伞”。伞内放着香炉，炉内有一个真武小铜像，沿途焚香不停。绣幢后是供品和乐队及男女朝山信士。一路上遇庙焚香奏乐，浩浩荡荡直上金殿。快到太和宫时，锣鼓笙箫齐鸣，鞭炮及三眼铳燃放不停，齐声呼喊神号，奋力攀登。到达金顶后，献上贡品，叩头朝拜。

如今，武当山的神秘与庄严依然吸引着众多的游人香客前来旅游和朝山进香。

佛教四大名山

佛教四大名山

五台山

五台山位于山西五台县，由五座山峰环抱而成，包括东台望海峰、西台挂月峰、南台锦绣峰、北台叶斗峰、中台翠岩峰。五座山峰顶部平坦宽阔，犹如垒土之台，故称五台山，分别供奉着文殊菩萨的五个化身，又称五方文殊。五台山海拔均在2000米以上，盛夏凉爽，又称清凉山。《清凉山志》记载："左邻恒岳，秀出千峰；右瞰滹沱，长流一带；北凌

五台山

文殊菩萨

黄景春 摄

紫塞，遏万里之烟尘；南护中原，为大国之屏蔽。”可见其地理位置非常重要。

五台山位居我国四大佛教名山之首，称为“金五台”，是文殊菩萨的道场。文殊是梵文音译“文殊师利”（或作曼殊室利）的略称，意思是妙德、妙吉祥，是佛教四大菩萨之一。寺庙里文殊菩萨的塑像，骑青狮，持宝剑，形象威严刚猛，与普贤菩萨并列在如来佛两旁，执掌天上人间的智慧。五台山作为文殊菩萨的道场，源于一个传说：

相传五台山原名五峰山，气候恶劣，冬天严寒，夏日酷热，长年干旱少雨，庄稼收成不好，当地百姓生活贫困。文殊菩萨传教经过此地，看到百姓受苦，发愿改变这里的气候，为民造福。文殊菩萨知道东海龙王有一个宝贝，名叫歇龙石，能够把干燥的气候变得湿润，于是他化成一个化缘和尚，跑到龙王那里借歇龙石。

文殊菩萨来到东海，向龙王说明来意，要借歇龙石一用。龙王面露难色，说：“和尚借什么都行，唯独歇龙石不能借给外人。这块歇龙石是专供孩子们休息用的，他们在外工作，又热又累，非常辛苦，回到龙宫，在石上歇息养神，疲劳顿消。你若借去，孩子们就没有歇息的地方了。”文殊菩萨反复说明借石不为别的，是为了造福五峰山下的百姓。龙王还是不肯，又转念想到，即使答应这个和尚，歇龙石重达万吨，谅他也无法搬走，不如作个顺水人情，就说：“和尚如果能够搬走，就请

| 五台山菩萨顶 |

拿去一用。”龙王刚说完，只见那和尚双手合十，口念咒语，只见歇龙石逐渐由大变小，变成一块小石头。和尚将小石头放进袖筒，然后飘然而去。龙王见状，后悔不已，却也无可奈何。

文殊菩萨回到五峰山，当地久旱不雨，土地龟裂，禾苗干枯，他把歇龙石放在山谷中，天上立刻飘起雨丝，细雨蒙蒙，空气湿润，庄稼得救了。于是，这山谷被命名为清凉谷，后人又在这里建了一座寺庙，名叫清凉寺。五峰山也改称清凉山。现在，歇龙石仍然躺在台怀镇清凉谷中的清凉寺内，人们感谢文殊菩萨的功德，朝拜歇龙石。据说当年文殊菩萨常常端坐在歇龙石上讲经说法，歇龙石又名曼殊床。

五台山黛螺顶（又称大螺顶）

传说文殊菩萨的生日是农历四月初四。从隋唐开始，在文殊菩萨生日这个月，人们纷纷来到五台山，朝拜文殊菩萨，祈求菩萨保佑，平安吉祥。南来北往的商人到此进行骡马牛羊牲畜贸易，后来逐渐形成了一年一度的五台山六月骡马交易庙会。

五台山以菩萨顶（灵鹫峰）最为著名。东汉永平年间，印度高僧摄摩腾和竺法兰看到灵鹫峰酷似印度灵鹫山，在此起造大孚灵鹫寺，是五台山佛教传播的开始。相传文殊菩萨就居住在灵鹫峰顶上，因此取名菩萨顶。菩萨顶初名真容院，创建于北魏，据说当时有高僧在菩萨顶祈祷七日七夜，文殊忽于云端披露真容，工匠便依样塑像，供奉于文殊殿内，后更名大文殊寺。

峨眉山

峨眉山在四川省峨眉山市，是普贤菩萨的道场。峨眉山主峰万佛顶海拔3099米，奇峰突起，直插云霄，山势险峻，风景秀丽，素有“峨眉天下秀”的说法。有古诗形容峨眉的高峻：“峨眉高，高插天，百二十里烟云连。盘空鸟道千万折，奇峰朵朵开青莲。”李白《峨眉山月歌送蜀僧晏入中京》写道：“我在巴东三峡时，西看明月忆峨眉。月出峨眉照沧海，与人万里长相随。”描绘了峨眉山的雄伟秀丽。

峨眉山最初为人们所知，不是源于佛教，而是源于道教。峨眉山风景独特，是修身养性的好地方，被道教奉为“第七洞天”。相传

峨眉山金顶

黄帝轩辕氏曾到峨眉山访道，纯阳殿后的授经台就是仙人广成子授经给黄帝的地方。纯阳殿附近的千人洞，传说是纯阳子吕洞宾修道成仙的地方。在峨眉山清音阁上行至万年寺的山道上，有一座名为“白龙洞”的寺庙，相传这里是《白蛇传》中白娘子修炼的洞府。还有一座斗龙坝，是白蛇与青蛇相斗的地方。

据《峨眉山志》记载，东汉明帝时，一位叫蒲公的采药人，有一天像往常一样在峨眉山云窝采摘草药，突然发现一只梅花鹿，其留下的足迹像一朵朵盛开的莲花。蒲公非常惊异，一路追赶，追到金顶，梅花鹿消逝

| 白龙洞 |

得无影无踪。蒲公正怅然若失的时候，只见茫茫云海中升起一轮五彩缤纷的光环，光环正中有一位神人坐在一头六牙白象上。蒲公心想，一定是菩萨显灵，纳头便拜。蒲公见到的景象正是峨眉山金顶特有的佛光，传说这是普贤瑞相，是吉祥的象征。蒲公舍宅为寺，供奉普贤菩萨，于是，峨眉山就发展成

| 十方普贤 |
谭坤　摄

峨眉山猕猴
谭坤 摄

峨眉山云海
谭坤 摄

为普贤菩萨的道场。

云海、日出、佛光、圣灯是峨眉山四大奇观。据说佛光是普贤菩萨眉宇间放出的光芒，又称“峨眉宝光”。实际上，佛光是一种自然现象，是阳光照在云雾表面所起的衍射作用而形成的。峨眉山无月的夜晚，无数的萤火虫在黑暗的山谷中飞舞，佛家称为“圣灯”，又叫“神灯”，说是“万盏明灯朝普贤”。

峨眉山朝山会由来已久，早在清朝乾嘉年间，一年一度的“端午节”前夕，来自四川以及全国各地的朝圣队伍，浩浩荡荡涌进古城峨眉，从城东大佛殿起，途经报国寺，最终到达金顶朝拜普贤菩萨。近年来，普贤信仰又重新兴盛起来。

普陀山

普陀山是舟山群岛中的一个小岛，位于杭州湾以东约 100 海里的莲花洋中，清幽宁静，风光旖旎，因是南海观世音菩萨的道场而蜚声中外，被誉为“人间第一清净地”。

普陀山成为观世音菩萨的道场，也有一个美丽的传说。相传唐朝咸通四年，日本僧人慧锷携观音像从宁波东渡回国，船行至舟山群岛附近，海上突然刮起了狂风，掀起滔天巨浪，船只迷失了航向，漂流到普陀岛附近的莲花洋。当时海上漂起来一朵朵铁莲花，把帆船团团围在中间，进退不得。慧锷心想：“莫非观音大士不愿去

不肯去观音院

日本吗？”他跪在观音佛像前祷告说：“如若日本众生无缘见佛，我一定听从观音菩萨所指方向，另建寺院，供奉我佛。”说来奇怪，刚才还团团围住的铁莲花，此时闪开一条路来，慧锷靠岸登陆，这就是普陀山。当地一位姓张的百姓捐出自己的宅院，将观音像供奉起来，这就是普陀山第一座寺院“不肯去观音院”的由来。后来，人们把普陀山与舟山岛之间的洋面称为莲花洋。民间流传着一首渔歌：“莲花洋面白浪翻，朵朵莲花向阳开。莲花永远开不败，莲花开出普陀山。”五代后梁在此修建“不肯去观音院”。宋朝乾德五年，宋太祖赵匡胤派遣太监来普陀山朝山进香，首开朝廷降香普陀山之先。南宋嘉定七年，宁宗赵扩指定普陀山为专供观音菩萨的场所。后来，历经元明清三代，普陀山寺院几经兴废，成为佛教四大名山之一。

佛教称农历二月十九日是观音菩萨的诞辰日，六月十九是成道日，九月十九是涅槃日，也是普陀山三大香会期。香会期间，海内外信众、香客怀着对观音菩萨的虔诚信仰，梯山航海，纷至沓来，朝山进香，祈愿祝福。普陀香期，以农历二月十九日为最盛，一般初七、初八开始，便有香客陆续上山。十七、十八、十九三日达到高潮。这时，山上各寺院都要举行观音法会，宗教仪式通宵达旦，热闹非凡。

普陀山有一条主香道，分为妙庄严路、玉堂街、香

佛顶山

云路三段，将普陀山普济寺、法雨寺和慧济寺三大佛寺连成一个整体。香道是香客们朝山进香的路径，也是游客们到达各景点的途径。香客们沿着妙庄严路，一路走来，就到了普济寺，进不肯去观音院叩拜观音。在法雨寺的西侧，有一条登山石径，这就是香云路，拾级而上，可达佛顶山的慧济寺。

朝拜佛顶山，是“海

海天佛国

天佛国”普陀山历代高僧大德历炼心性、自觉觉他的一种修持方法。他们从法雨寺的九龙殿开始，沿着千级石阶的香云路，三步一拜，直到佛顶山。无论是高僧还是一般信众，一路跪拜佛顶，培养僧众一心向佛的虔诚之心，消除傲慢之心，回归清静本性，使其悟性顿开。普陀山以它优美的自然风光和浓厚的宗教氛围，吸引海内外的游人香客来此朝山进香。

九华山

九华山，古称陵阳山、九子山，位于安徽青阳九华镇，素有“东南第一山”之称。

九华山原名九子山，由后山的九子岩而得名。《太平御览》记载：“此山奇秀，高出云表，峰峦异状，其数有九，故名九子山。”唐代大诗人李白到青阳一带游览，写下《望九华赠青阳韦仲堪》一诗：“昔在九江上，遥望九华峰。天河挂绿水，秀出九芙蓉。”因此更名为“九华山”。

从唐代开始，作为地藏菩萨的道场，九华山吸引众多香客前来烧香朝拜，成为“中国佛教四大名山”之一。九华山的盛名，源于唐代新罗国王子金乔觉来此修行。费冠卿《九华山化城寺记》记载，天宝末年，金乔觉涉海来中国，卓锡九华，选择在一个人迹罕至的岩洞潜心修行，终日坐禅诵经，仅吃稀粥充饥，苦行修炼。传说有一次，他在一块盘石上盘膝打坐，有一条毒蛇爬到他身边，张开毒牙要咬他，他端坐无念，毒蛇见他佛性深湛，蜿蜒而去，后人把他这块盘石取名“定心石”。他住的石室离山涧很远，每日要走很多山路才能汲取涧水。一天，他正要去汲水，看见一位美丽女子走过，朝他顾盼不已，眉目传情。但他目不斜视，毫不动心。女子见此情景，非常惭愧地说：“小女子无知，愿出泉补过。”说完用手往地上一划，地上顿时冒出一股清泉。原来这位女子是龙女的化身，专来试探他的修行。后来此泉名叫龙女泉。金乔觉的苦修苦行，感染了周围佛教徒，纷纷拜他为师，化缘修建了化城寺。唐贞元十年七月三十日，金乔觉圆寂。相传他去世时，山鸣谷应，群鸟哀啼，地出火光，显现灵异。他的肉身放置木函中，三年后仍颜色如生，身体柔软，肉身不坏，成为肉身舍利。敛葬他尸身的肉身塔，夜间发光如火，被认为是护法神光，这个地方就叫神光岭，他的肉身塔又叫月身宝殿。后来九华山形成一个传统，高僧圆寂后保存肉身，肉身供于石塔内，不会腐坏。从唐至今，九华山高僧肉身塔有15尊，现在可供朝拜的肉身塔有五尊。肉身塔是九华山佛教的一大特色。

《地藏十轮经》说地藏菩萨“安忍不动犹如大地，

九华山

静虑深密犹如地藏”，发愿地狱不空，誓不成佛，超度众生脱离苦海。金乔觉生前笃信地藏菩萨，而且传说他的容貌酷似地藏菩萨，人们便说他是地藏菩萨托胎转世，所以称他为金地藏，因他的身份是王子，又称为地藏王。人们把农历七月三十日他去世的这天定为地藏节。寺庙里点燃地藏灯，又称幽明灯、插地香，表示照彻幽冥，救人苦难。这天，香客云集，人们纷纷来到九华山月身宝殿，朝拜金地藏。

袁枚《续子不语》记载了九华山最著神异。相传明朝海瑞雨中穿皮靴登山，同伴告诉他，皮靴是用牛皮制作，是荤非素，不能穿，他换上草鞋，跟随众人参拜神灵，看见庙中的鼓是用牛皮制作的，就指着鼓问神灵说：“这只鼓也是用牛皮做的，难道不是荤的吗？”刚说完，忽然一声霹雳从空中传来，将鼓击碎。至今庙鼓不敢用皮，用布代替。

明清时期，九华山佛教发展到鼎盛，有寺庙300余座，僧尼4000多人。《江南通志》记载：“自唐金地藏驻锡于此，灵异甚著，今为江南香火之盛。”

九华街是九华山的中心，主要寺庙集中在这里，因此有“莲花佛国”之称。九华街上的化城寺是九华山的开山寺庙，也是最负盛名的寺庙。“化城”一名出自《法华经》，传说是释迦牟尼云游布道时，点化而成的城池。化城寺南对芙蓉峰，北靠白云山，东邻东崖，西接神光岭，四面环绕如城，古人有“内外峰围涌玉莲”之称。

九华山不仅是旅游胜地，也是佛教文化圣地。每到农历七月三十日地藏节，这里香客如云，人们争相前来朝拜九华山。

冈仁波齐崇拜

冈仁波齐崇拜

传说藏历六月初四是释迦牟尼口授“四大真经”的日子，藏族人把这一天命名为“朝山节”，藏语叫作“珠巴泽西”。每到这一天，藏族人穿戴一新，前往附近山寺朝拜，烧香拜佛，以求佛祖保佑平安吉祥。朝山结束后，人们在野外草地上开怀畅饮，载歌载舞，庆祝朝山节。西藏地区最隆重的朝山活动是朝拜冈仁波齐神山。

冈仁波齐神山位于阿里地区的普兰县巴噶乡塔尔钦

冈仁波齐

村，是冈底斯山脉的主峰。在藏语里，“冈”是雪山的意思，“仁波齐”是上师的意思；“冈仁波齐”即“雪山之王”“神灵之山”。各教派如藏传佛教、印度教、耆那教、苯教都认为他们信奉的神灵与冈仁波齐有着神秘的联系，他们共同把冈仁波齐当作众神的居所，是“世界的中心”。冈仁波齐被视为神界与人界的通道，人们从这里能够获得解脱，升入天界，每年都吸引着来自各地的朝圣者来此转山朝拜。

冈仁波齐周围没有连绵的山峰，一座孤峰傲然挺立在天地之间，山上经常白云缭绕，显得神秘莫测；峰顶终年积雪，像一朵圣洁的雪莲花，能够净化人的俗念，给人一种心灵的震撼力。阿里地区的四条大河：马泉河、象泉河、狮泉河和孔雀河都发源于冈底斯山脉。马泉河是雅鲁藏布江的上游，流入印度称为布拉马普特拉河；象泉河流入印度称为萨特累季河；狮泉河是印度河的上游；孔雀河进入印度后成为恒河支流哥格拉河的上游。这四条河流经不同的区域，最终都流向印度洋，这一神奇的地理现象，仿佛在启示人们，这里是印度河、恒河的源头，是世界的中心。

自古以来，冈仁波齐都是信徒和游客转山朝拜的神山。位于冈仁波齐南面山脚下的塔尔钦村，是转山的起点和终点。藏传佛教徒按顺时针转山，而那曲地区的牧民沿逆时针转山。这里地处西藏阿里地区，交通不便，气候恶劣。朝圣者要克服山高路险、高原反应等困难，历尽千辛万苦方能来到这里，再进行艰苦的转山朝拜。一年之中，只有5到9月的天气相对温和一些，成为大批信徒前来朝圣的最好季节。每年来自全国各地以及印度、尼泊尔、不丹等国的朝圣者，不远万里来到冈仁波齐，在海拔5000米左右的高度围绕神山徒步行走56千米，绕山一圈，沿途磕头祈祷，才算功德圆满。徒步转山是朝圣者最常用的方式，还有虔诚的信徒，用磕等身长头的方式转山，表达他们内心最虔诚的信仰。据藏传佛教的解释，转神山1圈，可以洗清一生的罪孽；转神山10圈，可以在500次轮回中免受下地狱之苦；转

磕等身长头

经幡

108圈即可今世成佛。而且，信徒们认为，马年转山是最吉利的，马年转山一圈相当于平时转13圈，所以每逢藏历马年，转山的朝圣者特别多。在卓玛拉山口，有一个神秘的风俗习惯：凡是经过这个山口的转山人，都要在这里丢掉身上的一件随身物品，信徒们认为滴上一滴血或留下一缕头发，效果会更好。一路上凡是能看到神山的地方，都会有玛尼堆和经幡，信徒们在这里遥望神山，朝拜祈祷，祝愿平安吉祥。据说至今还没有人能够登上这座神山，也许是害怕冒犯了居住于此的神灵。

在冈仁波齐南面不远处，有一个神奇美丽的高原湖泊玛旁雍错，藏语意为“永恒不败的碧玉湖”，湖水源于冈底斯山融化的雪水。《象雄大藏经》记载，四大江河马泉河、象泉河、狮泉河、孔雀河的源头就是玛旁雍错，因此，有“世界江河之母”的美誉，唐代高僧玄奘《大唐西域记》中称它为“西天瑶池”。传说玛旁雍错的四边有四个洗浴门，东为莲花门，西为去污门，南为香甜门，北为信仰门。朝圣者绕湖一周到每个门沐浴，能够消除各种罪孽，洗掉人们心灵上的贪、嗔、痴、怠、嫉“五毒”，灵魂得以净化。又传说湖底聚集了众多珍宝，如有人捕到一条鱼、拣到一粒石子或拾到湖中鸥鸟的一根羽毛，一生就会美满幸福。因此，藏传佛教认为，玛旁雍错是世界上最圣洁的湖。每到夏秋之际，一些朝圣者来到玛旁雍错徒步转湖或磕长头转湖，或在圣湖里沐浴，以清除内心的烦恼和罪孽，祈求吉祥如意。

人们来到冈仁波齐神山和玛旁雍错圣湖，怀着虔诚的信仰转山和转湖，祈求神灵的保佑，抛弃内心的贪欲，摆脱世俗的烦恼，净化心灵，澡雪精神，以求得内心的宁静和安详。这也许是许多信徒和游客来此朝山的最终目的吧。

格姆女神崇拜

格姆女神崇拜

每年农历七月二十五日，是云南丽江宁蒗彝族自治县永宁乡摩梭人盛大的节日，是祭拜格姆女神的节日，称为朝山节，又称转山节。这天，摩梭人身着节日服装，带着丰盛食物，来到格姆山下，转山念经，向女神敬献贡品，叩头朝拜，祈求格姆女神保佑摩梭人平安幸福、吉祥如意。

格姆山屹立在泸沽湖畔，形状像一头雄狮，所以又叫狮子山。民间传说它是格姆女神的化身，主宰着泸沽湖地区的兴衰祸福，不仅

格姆山

泸沽湖

保佑这方水土风调雨顺，五谷丰登，家畜兴旺，而且赐予摩梭族女人美丽健壮，婚姻幸福，子孙繁衍。格姆女神是摩梭人的最高保护神，所以摩梭人对她十分崇敬，世世代代敬献祭祀。

关于摩梭人的朝山节，在当地还流传着一个美丽的传说。相传在远古时候，格姆山下住着一个勤劳善良、聪慧漂亮的姑娘，她像天上的月亮一样美丽动人，像泸沽湖水一样纯洁无瑕，很多纳西族的青年人为她倾倒，但她始终没有找到自己的意中人。不曾想，天神看中了这位姑娘，在农历七月二十五日这一天，化作一股狂风把她卷上了天。她留恋人间的平淡生活，便拼命挣扎，大声呼救。这时，地上的人们看见他们心爱的姑娘被狂风卷走，齐声呼叫，奋力追赶，想要把她追回来。天神看见众人追赶过来，慌了手脚，失手把她从半空中掉了下来。她的身体落在地上，化作了一座山，就是格姆山。她的灵魂变成了格姆女神，骑着一匹白马，在格姆山水之间巡游，一直守护着这方水土。在格姆山南麓的松林中，建有一座神庙，依山面湖，环境幽雅，庙内墙壁上绘有披发跣足、骑鹿的格姆女神画像。此外，泸沽湖畔里格岛上也有一个神龛，里面供奉着骑马张弓的格姆女神泥塑雕像。摩梭人朝山节的由来，属于人类早期的自然崇拜，还由于摩梭人一直沿袭着母系氏族社会的风俗习惯，在他们的信仰中，女神是他们的保护神。因此，摩梭人对格姆山的自然崇拜，渐渐转变为神灵崇拜，形成了格姆女神信仰。

摩梭人居住的房屋称为“祖母屋”，“祖母”在摩梭语里有“大”的意思，因此，又称为“家屋”，代表祖母是一家之长。祖母屋由两根木柱支撑，分别为“女柱”和“男柱”。两根柱子必须出自同一棵树，女柱为根，男柱为干，象征“女本男末”。祖母屋正中有“火塘”，火塘中的火代表敬家族的命

摩梭人转山
谭坤　摄

脉，因此不能熄灭，家族中所有重要仪式和活动都要在火塘前举行。这一切都体现了母系氏族社会的文化。

朝山节是摩梭人最隆重的节日，每到农历七月二十五日，整个泸沽湖畔的摩梭人都在为欢度朝山节而忙碌。男女老少身穿节日盛装，家家户户精心准备朝山的祭品、经幡和食物。当扎美寺的喇嘛头戴高高的鸡冠帽、骑着马出现时，朝山的队伍紧随其后，浩浩荡荡向格姆山走去。在山脚下祭拜山林后，喇嘛们吹起长号和唢呐，人们把祈福的“风马旗”布条拴在树上，面对格姆山叩拜。在喇嘛的诵经声中，朝拜的队伍缓缓绕祭坛以及女神庙三周，接着，在女神庙里焚香、生篝火、献祭品、叩头祷告，祈祷格姆女神保佑摩梭人平安吉祥。祭拜女神后，人们围坐在草地上跳锅庄舞，青年男女在长笛的伴奏下，手挽手地一边唱歌，一边跳起欢快的舞蹈，这就是摩梭人传统的锅庄会。锅庄会，已成为摩梭男女一年一度的狂欢盛会。

向龙王祈雨

向龙王祈雨

“绕境”指神明出巡，是从古代流传下来的一种祭祀活动，后来演变成一种民俗活动。古代一旦遇见天旱，人们就抬着龙王的牌位巡游，绕境一圈，祈求龙王降雨，以消除干旱之苦。在重要节日，抬着城隍神牌位出游，巡视地方，希望城隍神等保护一方平安，给老百姓带来福祉。明清以后，龙王、城隍、妈祖等民间信仰中的神明出巡，都以“绕境”名义开展民俗活动。

《山海经》中《大荒东经》记载，在大荒的东北角

龙王庙

上，有一座名叫凶犁土丘的山，应龙就住在这座山的最南端。应龙帮助黄帝杀死了蚩尤和夸父，自己也受了伤，不能再飞上天。天上没有了应龙兴云布雨，人间就经常出现旱灾。一旦遇到旱灾，人们就装扮成应龙的样子绕境出游，祈求上天降雨，这样，天上就下大雨。这是古代绕境祈雨的最早记录，后来演变成抬着龙王出游祈雨的民俗活动。

中华民族是龙的传人。在古代神话中，神人多乘龙飞行，遨游四海，巡视天下。在古人的观念里，龙作为造福万物的神异动物，专门掌管雨水，以使风调雨顺，五谷丰登，给人带来吉祥如意。中国人对龙的崇拜，源于中国是一个古老的农业社会，农作物生长离不开雨水的滋养，龙能够兴云布雨，因此，中国人对龙的崇拜就应运而生了，各地都兴建了龙王庙，对龙王顶礼膜拜。《周易》中记载：“云从龙。”早在商汤时期，天下大旱，商汤就制作一条像龙的样子的土龙，加以祭祀来求雨。

在古代，每逢久旱不雨，人们通过舞龙的方式祈雨。用稻草、竹木或布绢等不同材料扎成龙头，接着扎龙身，再扎成鱼尾形的龙尾，把龙头、龙身、龙尾串联成一个整体。龙的节数以单数为吉利，有九节龙、十一节龙、十三节龙，或者更多的节数。每节插一根竹木杆为柄，一人举一节。在向龙王献上祭品后，敲锣打鼓，燃放爆竹，人们扛起有龙头、龙身、龙

舞龙

尾的一条巨龙，在城市、田间、乡村来回巡游，以求降雨。有的地方，人们祈雨时还要祭龙王庙，在烧香叩拜后，把龙王请出庙来，抬着龙王的塑像出巡，祈求龙王降雨。有的地方还认为关帝也有司雨职能，祭关帝庙或抬着关帝神像出巡。求雨过程中有的还夹杂“喊皇天”的仪式，向天求雨。但是，如果经过这样的祭祀活动，还没有降雨，人们会迁怒于龙王，或咒骂，或鞭打，甚至把龙王像套上锁链牵到烈日下曝晒，惩罚龙王，以达到求雨的目的。

到了现在，舞龙已从祈雨仪式演变为欢庆节日的文娱活动。在浙江浦江县，流传着舞板凳龙“闹元宵”的习俗。板凳龙由龙头、龙身和龙尾三部分组成，从头至尾都是由板凳连接而成的，

龙王出巡

每一条板凳上都扎着花灯。板凳龙最重要的是龙头，龙头用竹篾扎成，外面罩上一层绵纸，再绘上色彩鲜艳的龙眼、龙鼻、龙嘴、龙角、龙须、龙鳞，一条活龙活现的板凳龙呼之欲出。龙身和龙尾的花灯图案各不相同，草木虫鱼，飞禽走兽，形状不一，色彩各异，众多板凳龙连接在一起，竟然找不到一个图案相同的。到了夜晚，人们举起点燃花灯的板凳龙，巡游在田野、山间和乡镇之间，在夜幕下各种板凳龙交相辉映，灯火璀璨，汇成一个龙的世界，花灯的盛会，欢乐的海洋。

全国各地元宵舞龙灯的风俗不尽相同，但对美好生活的期盼却是共同的。

城隍出巡

城隍出巡

城隍信仰在我国有着悠久历史，城隍神的职能是保护一方水土的平安，为地方保护神。“城隍”即城池之意。“城”是城墙，“隍”是城墙外环绕城市的壕沟，都是用来保护城市的。城隍信仰最早源于古代蜡祭中八种人间地神之一的“水庸”，“水”即隍，“庸”即城，水庸神就是最早的城隍神。

最初，城隍神只是保护城池的神灵，并没有人格化。随着道教神仙观念的流行，人死为神的说法逐渐为人所接受，城隍神逐渐从自然神变成人神。那么，什么人有资格充当城隍神呢？一般来说，城隍神都是一些为人正直、能够为民造福的人死后为神来充当，即“功施于民则祀”，就是说，一个人有功于人民，人民就不会忘记他，把他当作神灵加以祭祀。他们有的是奋起反抗外来侵略、保家卫国的功臣名将，有的是敢于为民请命、清正廉洁、刚直不阿的清官，有的是积善行德、乐善好施，能够为民消灾解难的百姓。他们死后，往往受到人们的尊敬，被当作城隍神加以供奉，如春申君是苏州的城隍神，秦裕伯是上海的城隍神，周新是杭州的城隍神等。

《北齐书·慕容俨传》

记载这样一个故事：南北朝时期，北齐大将慕容俨镇守郢城，南梁大将侯填、任约率军攻打郢城，用铁链横锁江面，并用水草堵塞长江航道，切断了郢城与外界的运输通道。在郢城生死存亡之际，慕容俨听说城里有一座神祠，俗号城隍神，每求必应。慕容俨便亲率官员祭拜城隍神，请求城隍神保佑郢城。说来也神奇，当晚郢城下了一场暴雨，江水上涨，冲断了锁江的铁链。城内军民认为是城隍神显灵，士气大振，一举击溃梁军。

这个故事让人们更加相信城隍神是人民心目中的保护神。唐宋以后，全国各地普遍兴建城隍庙，城隍信仰也越来越深入人心了，城隍也被列入国家祀典。在元代，

| 浦东三林镇城隍出巡 |

黄景春 摄

| 浦东三林镇城隍出巡途中的祭祀活动 |
黄景春　摄

城隍被封为“圣王”。明初朱元璋大封天下城隍神爵位，分为“王、公、侯、伯”四个等级。京师城隍封为“福明灵王”，都城隍封为“明灵公”，府城隍封为“威灵公”，州城隍封为“灵佑侯”，县城隍封为“显佑伯”，岁时节庆分别由国君以及府州县各级地方长官主持祭祀。城隍作为掌管地方阴间的司法神，如同人世间的官员一样，也要巡视辖区，担负起保境安民的职责，这就是城隍出巡，又称城隍绕境。

一年之中，城隍要出巡三次，出巡时骑马，回巡时坐轿。出巡时，人们要牵马、抬轿，伺候城隍爷出巡。城隍第一次出巡是在清明节前后，叫收鬼；第二次是七月十五日中元节，叫拷鬼；

第三次是在十月初一或十月十五日下元节，叫放鬼。届时，各城隍庙都要举办各种法会，一般以超度亡灵法事为主。

在古代，城隍信仰中的“人之正直，死后为神”的观念，正是人们把美好生活的理想和愿望寄托于神灵的反映。在古代社会，人们希望城隍神能够主持公道，惩恶扬善，维护社会公平正义，因此，城隍信仰能够弥补现实的缺憾，给人一种精神安慰。同时，城隍信仰鼓励人们崇尚德行，讲求孝道，形成安定社会、匡正人心的重要监督力量，在一定程度上强化了中华民族的道德信仰。

妈祖绕境

妈祖绕境

在我国沿海地区，特别是东南沿海福建、浙江、广东以及台湾等，最受崇拜的人，当推天妃妈祖。由于妈祖能够在海上保佑航船出海，挽救渔民于危难之中，沿海各地纷纷建庙供奉，被称为海上保护神。

妈祖原名林默，福建莆田湄洲人。《三教源流搜神大全》记载，妈祖母亲陈氏，梦见南海观音菩萨，送给她一朵优钵花，她吞下后就怀孕了。建隆元年三月二十三日妈祖降生，生时异香满室，十多天都没有消散。妈祖从小聪明伶俐，读书过目成诵，帮助母亲操持家务，是一个孝敬父母的孩子。传说有一天，她正帮助母亲织布，忽然感到困倦，就趴在织布机上睡着了。在梦中她到了海上，只见波涛汹涌，掀起滔天巨浪，一艘渔船被狂风巨

海南玉蟾宫妈祖神像

黄景春　摄

浪吹打得上下颠簸，眼看就要倾覆，船上的渔民却不幸落入海中。妈祖一看，原来是自己的父亲和两位哥哥，她赶忙跳进海里，用嘴咬住父亲的衣服，两只手各抓住两位哥哥的手，奋力向陆地游去。这时又听到母亲的叫声，妈祖回应了一声，嘴巴一张，她的父亲沉入了海里，自己也从梦中惊醒。醒后她向母亲叙述梦中情景，母亲不以为然。不久，两位哥哥从海上平安归来，讲述了遭遇海难的情景，他们的父亲不幸遇难。

后来，妈祖拥有多种法术，掌握通神的本领，如她会利用火焰、红灯通神，登山能够升天，至今在湄洲屿山上还有她的“升天遗迹”。平时她乘席渡海，乘云雾来往各岛屿之间，人称其为神女，又称为龙女。一旦遇到海难，或风浪晦冥，迷失了方向，人们祈祷妈祖，海上总会出现红灯，随着红灯前行，就能获得解救。清代袁枚《子不语》有一篇《天妃神》的故事，叙述妈祖在海上救人的事迹。故事说乾隆年间，一个叫周锽的翰林官员，奉命册立琉球国王。当船行驶到东海时，海上突然刮起飓风，把船吹到黑洋之中。水色墨黑，天空一片黑暗。相传船只进入黑洋，从来没有生还的。船员很害怕，都哭泣起来。正在大家陷入绝望的时候，忽然看到海面上出现红灯万点，船员狂喜，都伏在船舱里呼叫说：“有活路了，妈祖来了。”果然看见一个美丽的女人，挽着高髻，戴着金镮，在空中指挥。随即风停了，好像有人拖拽船只前行，发出轰隆隆的声响，不一会儿便驶出了黑洋。周锃回国后向朝廷奏请建立天妃神庙，乾隆皇帝同意了周锃的奏请。最后，袁枚补充说：“事见乾隆二十二年邸报。”言之凿凿，似乎不容怀疑。

妈祖庙里的妈祖神像，有三种颜色的造型，一是“红面妈祖”，形同凡人；一是“乌面妈祖”，是救难面相；一是“金面妈祖”，表示得道之身。颜色不同，但塑像脸庞都是丰满圆润，富态安详，眉毛修长，双眼微睁，向下俯视，表现出聪明智慧、宅心仁厚、悲天悯人的精神气质。

一般妈祖神像左右两旁，立有千里眼、顺风耳兄弟陪祀。千里眼青面獠牙，右手举起远眺，眼睛睁突，威严可怖，专替妈祖眼观千里灾难；顺风耳红面红衣，龇牙咧嘴，左手举起指耳，双眼圆凸暴睁，为妈祖耳听四方哀告。这种男性的粗犷豪放与女性的温婉淑雅对照组合，更能衬托出妈祖仁厚

千里眼

黄景春 摄

顺风耳
黄景春 摄

的本性，隐含中国传统文化中“以柔克刚”“以静制动”的儒道互补精神，也展现出民俗信仰的想象空间。

祭祀妈祖有两种形式，一种是固定的祭祀，即在妈祖三月二十三日诞辰和九月九日逝世日，有隆重的祭祀活动；一种是不固定的祭祀，即渔民对妈祖的祈求，或者是遇到海难、求子、求雨等临时性的祭祀活动。固定的祭祀，还有一种特殊的形式，即在农历三月，妈祖生日前，抬着妈祖的神像出巡，又称妈祖绕境，在台湾尤其流行，非常热闹，因此有“三月疯妈祖”的俗谚。

台湾妈祖绕境活动，是祭祀妈祖最隆重的活动。在台湾北港的朝天宫、大甲镇澜宫、新港奉天宫等祭祀妈祖的寺庙，每年都要举行妈祖绕境活动，各个寺庙轮流迎送，时间持续一周左右，社会各界踊跃参与，显示妈祖信仰的广泛性和影响力。

大甲妈祖绕境进香活动，时间一般选择在农历三月妈祖诞辰日前，夜晚 11 点从镇澜宫起驾，途径台中、彰化、云林、嘉义等二十几个乡镇，终点新港奉天宫，历时9天8夜，全程大约340千米，虔诚的信众全程跟随，每天要走大约40千米，相当于一个马拉松，而且连续走九天,每天走8～10小时。起驾时，千里眼和顺风耳两位护将在前面开路，轿夫抬着妈祖像，开始绕境进香，后面跟随着数千参加绕境进香的香客，绵延数千米，声势浩大，热闹非凡。神舆经过的地方，无论城镇或乡间，每户人家都备好清香素果，点燃香烛，恭候于门前，当神舆到来时，燃放鞭炮，跪拜于地上烧金纸迎送，希望妈祖给他们带来平安吉祥。沿途都有信徒提供饮食，慰劳徒步行走的香客，如果途中香客走得脚底磨破起泡时，还可以向神舆求取“炉丹”（香灰），抹于伤处，然后继续行走。当神舆快到新港奉天宫，离宫门前50米时，抬轿的人向宫门冲去，但到门前又急速退回，如此反复三次，才进入朝天宫，俗称“犁轿”。朝天宫内外被香客包围得水泄不通，数万信徒跪在宫前以及街道上，随着宫里传出的诵经声以及司仪的号令，对着妈祖顶礼膜拜。这一天，舞狮、龙阵、锣鼓阵、踩高跷、武术表演等庆祝活动持续不停，以此表达对妈祖的崇拜。

妈祖信仰在台湾已有几百年的历史了，是台湾最重要的民间信仰。每年三月二十三日，台湾都要组成进香团，抬着妈祖神像，回到莆田湄洲屿进香，称为“妈祖回娘家”。“妈祖回娘家”，名为祭祀妈祖，实际上是一种返乡寻根之举，这也充分说明台湾与大陆在文化上同根同源，两岸一家亲。

图书在版编目（CIP）数据

朝山习俗 / 谭坤编著 ; 黄景春本辑主编. -- 哈尔滨 : 黑龙江少年儿童出版社, 2021.10（2022.7 重印）
（记住乡愁 : 留给孩子们的中国民俗文化 / 刘魁立主编. 第十辑, 民间信俗辑）
ISBN 978-7-5319-7269-3

Ⅰ. ①朝… Ⅱ. ①谭… ②黄… Ⅲ. ①山－崇拜－民间文化－中国－青少年读物 Ⅳ. ①K928.3-49

中国版本图书馆CIP数据核字(2021)第206964号

记住乡愁——留给孩子们的中国民俗文化

第十辑 民间信俗辑

朝山习俗 CHAOSHANXISU

刘魁立◎主编
黄景春◎本辑主编
谭　坤◎编著

出 版 人：张　磊
项目策划：张立新　刘伟波
项目统筹：华　汉
责任编辑：郜　琦　王洪志
整体设计：文思天纵
责任印制：李　妍　王　刚
出版发行：黑龙江少年儿童出版社
（黑龙江省哈尔滨市南岗区宣庆小区8号楼 150090）
网　　址：www.lsbook.com.cn
经　　销：全国新华书店
印　　装：北京一鑫印务有限责任公司
开　　本：787 mm×1092 mm　1/16
印　　张：5
字　　数：50千
书　　号：ISBN 978-7-5319-7269-3
版　　次：2021年10月第1版
印　　次：2022年7月第3次印刷
定　　价：35.00元